女声合唱とピアノのための組曲

あなたへの詩

茨木のり子 作詩

面川倫一 作曲

カワイ出版

女声合唱とピアノのための組曲
あなたへの詩

　2014年の2〜4月にかけて、茨木のり子さんの詩をテキストとさせていただき、いくつかの女声合唱曲を作曲しました。各曲のもつ詩の世界、音楽的インヴェンションを踏まえ、その中から「子供時代」「私のカメラ」「泉」「あほらしい唄」の4曲を撰び、組曲にまとめました（このうち「子供時代」「私のカメラ」の2曲は、第25回朝日作曲賞に応募し、佳作をいただいたものです）。これら4曲をひとつの組曲として結びつけるテーマは、恋と愛。綴られた茨木さんのことばは、自分に酔うことなく、読み手に媚を売ることもなく、自立した姿でそこにある、と感じます。率直で力強い直球とユーモラスな変化球に、何度も三振させられました。そのことが作曲の筆を遅らせも、早めもしました。幸福な時間でした。

　ふじみ野市立大井中学校音楽部の皆さんによる全曲初演は、この世代特有の声の透明さ純粋さを存分に発揮された見事なものでした。これからさまざまな出会いと別れを繰り返しながら成長していかれる中学生ならではの、期待と想像力に満ちたラブソングであったように思います。出版にあたっては、カワイ出版の早川由章さんに多大なご尽力を賜りました。本作に関わってくださいましたすべての皆様方に、持ち続けている感謝の気持ちを謹んでここに記します。

2016年3月

面川 倫一

●全曲初演：埼玉県ふじみ野市立大井中学校音楽部
　　　　　《平成26年度定期演奏会》
　　　　　2015年3月27日・ふじみ野市立大井中央公民館
　　　　　指　揮：清水真由香
　　　　　ピアノ：荻原萌子

●演奏記録：
　　「あほらしい唄」
　　　　　《第59回 埼玉県合唱祭》
　　　　　2014年6月8日・埼玉会館大ホール
　　　　　埼玉県ふじみ野市立大井中学校音楽部
　　　　　指　揮：清水真由香
　　　　　ピアノ：荻原萌子

　　「子供時代」
　　　　　《心に花を咲かせよう 〜東日本大震災 心の復興コンサート〜》
　　　　　2015年3月22日・名取市文化会館大ホール
　　　　　福島県福島市立信夫中学校合唱部
　　　　　指　揮：瀧 薫
　　　　　ピアノ：鈴木芙美

女声合唱とピアノのための組曲
あなたへの詩(うた)

I. 子供時代 ……………………………………………… [4分40秒] …………… 4

II. 私のカメラ …………………………………………… [3分10秒] …………… 13

III. 泉 ………………………………………………………… [3分30秒] …………… 20

IV. あほらしい唄 ………………………………………… [4分00秒] …………… 25

　　詩 ……………………………………………………………………………………… 35

●全曲の演奏時間＝約15分20秒

皆様へのお願い

楽譜や歌詞・音楽書などの出版物を権利者に無断で複製（コピー）することは、著作権の侵害（私的利用など特別な場合を除く）にあたり、著作権法により罰せられます。また、出版物からの不法なコピーが行われますと、出版社は正常な出版活動が困難となり、ついには皆様方が必要とされるものも出版できなくなります。
音楽出版社と日本音楽著作権協会（JASRAC）は、著作者の権利を守り、なおいっそう優れた作品の出版普及に全力をあげて努力してまいります。どうか不法コピーの防止に、皆様方のご協力をお願い申しあげます。
カワイ出版
一般社団法人　日本音楽著作権協会

携帯サイトはこちら▶

出版情報＆ショッピング **カワイ出版ONLINE** https://editionkawai.jp

I. 子供時代

茨木のり子 作詩
面川倫一 作曲

II. 私のカメラ

茨木のり子 作詩
面川倫一 作曲

Ⅲ. 泉

茨木のり子 作詩
面川倫一 作曲

IV. あほらしい唄

茨木のり子 作詩
面川倫一 作曲

Ⅲ. 泉

わたしのなかで
咲いていた
ラベンダーのようなものは
みんなあなたにさしあげました
だからもう
薫るものはなにひとつない

わたしのなかで
溢れていた
泉のようなものは
あなたが息絶えたとき　いっぺんに噴きあげて
今はもう枯れ枯れ　だからもう　涙一滴こぼれない

ふたたびお逢いできたとき
また薫るのでしょうか　五月の野のように
また溢れるのでしょうか　ルルドの泉のように

Ⅳ. あほらしい唄

この川べりであなたと
ビールを飲んだ　だからここは好きな店

七月のきれいな晩だった
あなたの坐った椅子はあれ　でも三人だった

小さな提灯がいくつもともり　けむっていて
あなたは楽しい冗談をばらまいた

二人のときにはお説教ばかり
荒々しいことはなんにもしないで

でもわかるの　わたしには
あなたの深いまなざしが

早くわたしの心に橋を架けて
別の誰かに架けられないうちに

わたし　ためらわずに渡る
あなたのところへ
そうしたらもう後へ※戻れない
跳ね橋のようにして

ゴッホの絵にあった
アルル地方の素朴で明るい跳ね橋

娘は誘惑されなくちゃいけないの
それもあなたのようなひとから

※曲中では「後へは」としている。

あなたへの詩

茨木のり子

Ⅰ. 子供時代

どんなふうに泣いたろう
どんなふうに奇声を発し
どんなふうにしんねりむっつりしていたか
その人の子供時代に思いを馳せるのは
すでに
好意をもったしるし

目ばかりでかい子だったろうな
さぞやポヤンでありましたろう
がさごそ　ごきぶり　おじゃま虫か

ほほえみながら
もっといっぱい聴きたくなるのは
好意以上のものの兆しはじめた証

あの時もそうだった
髭づらのむこうにわたしは視ていた
子供時代の蚊とんぼの顔を

かのときもそうだった
朦朧の嫗のとりとめなさに
わたしは聴いていた
女童　時代の甲高いお国なまりを

Ⅱ. 私のカメラ

眼
それは　レンズ

まばたき
それは　わたしの　シャッター

髪でかこまれた
小さな　小さな　暗室もあって

だから　わたし
カメラなんかぶらさげない

ごぞんじ？　わたしのなかに
あなたのフィルムが沢山しまってあるのを

木洩れ陽のしたで笑うあなた
波を切る栗色の眩しいからだ

煙草に火をつける　子供のように眠る
蘭の花のように匂う　森ではライオンになったっけ

世界にたったひとつ　だあれも知らない
わたしのフィルム・ライブラリイ

面川倫一（おもかわのりかず）

　1983年福島県いわき市生まれ。桐朋学園大学音楽学部附属子供のための音楽教室を経て、同大学作曲科を卒業。第32、33回桐朋学園音楽部門作品展に選出。作曲を鈴木輝昭、ピアノを吉田真穂、法倉雅紀の各氏に師事。賞歴に、第24、25回朝日作曲賞佳作、第38回ピティナ・ピアノコンペティション新曲課題曲作品賞など。作曲のほか、大学在学中より数多くの演奏家のコンサート編曲を手がけており、オーケストラ・アンサンブル金沢、中嶋彰子氏などによって内外で演奏・放送されている。近作に、「管弦楽のための協奏曲」、「フルートとピアノのためのインプロヴィゼーション」「Les premières mélodies」など。

　カワイ出版から、「小さな別れ」（コンサート・ピースコレクション「夜空に舞う星たち」に収録）、「モーメント・ミュージカル」（コンサート・ピースコレクション「モーメント・ミュージカル」に収録）のピアノ作品と「ふるさと」、「赤とんぼ」（学生合唱のための「スチューデント・ソングブック2」に収録）の混声合唱アレンジを出版している。

女声合唱とピアノのための組曲 **あなたへの詩（うた）**　茨木（いばらぎ）のり子 作詩／面川倫一（おもかわのりかず） 作曲

- 発行所＝カワイ出版（株式会社 全音楽譜出版社 カワイ出版部）
  〒161-0034　東京都新宿区上落合 2-13-3　TEL. 03-3227-6286／FAX. 03-3227-6296
  出版情報 https://editionkawai.jp
- 楽譜浄書＝大島うさぎ　　●印刷・製本＝平河工業社

ⓒ 2016 by edition KAWAI. Assigned 2017 to Zen-On Music Co., Ltd.
- 楽譜・音楽書等出版物を複写・複製することは法律により禁じられております。落丁・乱丁本はお取り替え致します。
  本書のデザインや仕様は予告なく変更される場合がございます。

ISBN978-4-7609-1773-0

2016年5月1日　第1刷発行
2025年6月1日　第4刷発行